कराह

Midnight Yearning

गोरे ऋग्वेद

BookLeaf
Publishing

Presentation by *BookLeaf Publishing*

Web: www.bookleafpub.com

E-mail: info@bookleafpub.com

ISBN: 9789363302204

First edition 2024

अकोस्टिक

रू-फू-ढो

एक.कहानी

और

मैं”

PREFACE

एक जज़्बातों की दास्तान…
एक उदासी का तूफ़ान…
जिसे हर रात…
चादर ओढ़ के दबाया गया…
आँखें मीच के फुसलाया गया…
और सिर्फ़ गीले तकियों से जताया गया…

ऐसी रातों में ख़ामोशी चीखता हुआ दर्द…
खुद को सिकोड़ते हुए…
एक दिलासे की तलाश में…
एक कंधे की आस में…
जब कोरे काग़ज़ और भरी स्याही से अल्फ़ाज़ उकेरता
है…
तो विरह की दास्तान निकलती है…

ये शब्द जो अनकहे रह गए,
जिन्हें ना श्रोता मिला ना सनम…
ये सदाएँ जिनकी कश्ती मझधार में रह गई…
इस किताब के माध्यम से साहिल तलाशती हुई…

1...

खुशी हूँ मैं उसकी और साँसें भी हूँ…
ग़म हूँ मैं उसका और आहें भी हूँ…

सपनों में हूँ उसके, और बातों में भी…
आँखों में हूँ उसके, और जज़्बातों में भी…

उसके क़दमों में नहीं, उसकी आहट में हूँ…
उसकी ज़रूरत नहीं, उसकी चाहत में हूँ…

उसका जिस्म नहीं, उसकी रूह हूँ मैं…
एक हिस्सा बस नहीं, उसका सब कुछ हूँ मैं…

वक़्त है ये चलता जाएगा यूँही…
पर एक बात कोई, समझ पाएगा नहीं…

कि

वो पूरी नहीं, उसका आधा हूँ मैं…
वो ख़ुद में है कम, उसमें ज़्यादा हूँ मैं…

2...

धुंधली पड़ी धूल खाती
यादें कुछ झटकारी हैं...
आँखों में, थोड़ी क्या गई
बाहर आंसू बनके आ रही है...

तस्वीरें थोड़ी फीकी सी
आवाज़ें अब तो खुरदुरी हैं...
एक शख़्स ही पूरा नहीं बन पाता
इतनी हम में अब दूरी है...

मुड़के भी न देखा तुमने
क्या इतना कम चाहा था...
इतना तो यकीन दिलाती मुझको
तुने अकेले में कराहा था...

खुशकिस्मत हम भी सोचते खुद को
जो तेरा प्यार पाया था...
झूठ नहीं थे वो पल जब खुद तू
हमसे मिलने आया था...

बढ़ती दर्मियों का ही कसूर होगा
वक्त तो सिर्फ़ एक बाशिंदा है...
हम क्या रूठेंगे उससे अब
जब ख़ुदा तक उस पर शर्मिंदा है..

3...

तेरे पल भर के इरादे
मेरा सब कुछ उजाड़ बैठे हैं...
क्या ज़हर है उन लफ़्ज़ों में
जो बातें बिगाड़ बैठे हैं...

कि आहटें तेरी, हर जगह महसूस होती हैं...
पर ढूंढने निकलूं
तो पूरा शहर खाली मिलता है...

4...

तेरे मेरे दरमियां
अब फासले कुछ इतने हैं…
ज़मीन और आसमान की तरह
अब ये भी नहीं मिटने हैं…
बारिश की तमन्ना हो
तो फिर मिलेंगे किसी दिन…

पर पता नहीं मेरी आँखों में
तेरी यादों के बादल अब कितने हैं…

5...

हर पत्ता उधार दे बैठा हूँ
फूलों का कर्ज़ा कैसे चुकाऊँगा...
बागीचे बैठे हैं खरीदने मुझे
पर क्या फिर से खिल पाऊँगा...

और मोहब्बत उधार तो तूने भी ली थी
कुछ तो हिसाब करा जाती...
काटे तो दिए थे तूने भी बहुत
काश एक गुलाब भी दे जाती...

6...

रिश्तों में थोड़ी कड़वाहट क्या आई
तुम किसी और की लकीरों में लिख गए...

कल तक मेरी Mango Bite का wrapper संभाल के रखते थे
आज Cadbury के टुकड़ों में बिक गए...

7...

हमारी खुशियों के पल
हमेशा से ही छोटे थे...

जब तेरे होंठों पे सिर्फ़
मेरे नाम लिखे होते थे...

वो खुलते भी मुझसे
और बंद मुझपे ही होते थे...

एक दूसरे को पा के जैसे
दुनिया को हम खोते थे...

वो बारिश में सुलगता एहसास
आज भी मेरे सुट्टे में जलता है...

तू रहती सदा मेरे होंठों पे है
पर अब सिर्फ़, धुआं निकलता है...

8...

दरवाज़े नहीं खोलता ये दिल
दस्तक देता रहता हूँ...
खूँटी पे सर रख कर तेरे
रात भर रोता रहता हूँ...

सुबह सूखे आँसुओं पर तू
कदम रगड़ के जाती है...

पड़ा था वही,
तेरी चौखट के किनारे
और तू इश्क़,
किसी और से निभाती है...

9...

भरे ज़ख़्म
यादों की किताबों में दिखा करते हैं...
और हरे ज़ख़्म
खुली मुस्कुराहटों में बिका करते हैं...

एक घाव की चोट को
मोहब्बत ना समझ बैठना...
इश्क़ में आशिक़ों को
ये हज़ारों में मिला करते हैं।

10...

अब तो यादें भी धुंधली पड़ गई हैं,
पर आवाज़ें अब भी गूंजती हैं…
ज़िंदगी के हर मोड़ पे,
ये तुझे ही क्यों पूछती है…

ना जाने क्या है तेरे मेरे दरमियाँ,
जो ख़त्म ही नहीं होता…
अब तो लगता है कि काश, ये इश्क़ का
ज़ख़्म ही नहीं होता…

बहुत दिनों बाद उसका
ज़िक्र लबों पे आया है…
होंठों को सिला है मैंने,
पर कलम ने फरमाया है…

कि बहुत दूर निकल आया था
तेरा साया बनके इस जहां में…
पर जब रात हुई तो पता चला,
मेरा वजूद ही गुमनाम है…

क्या पता इस सफर में अब,
शायद ही किसी की आदत होगी…
पर यकीन है उनकी दुआओं में अब,
किसी और की ही इबादत होगी…

11...

हम दोनों ही टूटे होंगे,
वो साल हम जब अलग हुए...
हम दोनों ही रूठे होंगे,
जब पल आख़री ख़त्म हुए...

टूटते हुए तारों में,
ख्वाइशें आज भी तेरी हैं...
ना हो के भी क्यों लगता है,
आज भी तू सिर्फ़ मेरी है...

कोशिशें बहुत की थी तुझसे,
नफ़रत करते जाने की...
पर हो ना सकी इस दिल से ख़ता,
तेरा ज़र्रा-ज़र्रा तक मिटाने की...

क्या तुझे भी चाँद को देख कर,
आती होगी मेरी याद...
क्या ख़ुद में खोकर खुद से तू,
करती होगी मेरी बात...

क्या कभी दुखता है दिल
जब देखती है तू बचपन को...
साँसें अटकती हैं क्या तेरी

कि रोक लेती है धड़कन को...

एक हिस्सा हुआ करता था तेरा
आधी कैसे तू रहती होगी...
पूरी होती थी मुझसे तू
अब अधूरी शायद बहती होगी...

ज़ुबां कितनी भी कड़वी हो
दुआएँ आज भी मीठी हैं...
फूटी हुई ज़िंदगी मेरी
तूने ही तो समेटी है...

रोता नहीं हूँ अक्सर मैं
पर आँखें नम कर देती हैं...
ज़रा सा भी ज़िक्र तेरा
ज़िंदगी का एक दिन कम कर देती है...

माफ़ कर देना मुझे
जो बातें मेरी खलती हैं...
यार इतनी मोहब्बत कर बैठा हूँ
थोड़ी नफ़रत तो बनती है...

तेरे प्यार का खुदा अब कोई और होगा
पर मेरा तो तू ही बन बैठा है...
ख़ता मत करना मुझसे बस

मेरा तू ही एक चहेता है...

भूले न भुला पाऊँगा
हर मरहम सी दवा तू बन बैठी है...
कैसे निकालूँ इस मंदिर से तुझे
मेरी यादों में खुदा तू बन बैठी है...

12...

कभी आई लौट के तो
गले ज़रूर लगाऊँगा…
और जो आई कभी टूट के तो
मरहम ज़रूर लगाऊँगा…

कभी मिलेगी फिर सफर में
तो कहानी ज़रूर सुनाऊँगा…
तेरी न होने की दास्तान में भी
हर पल तुझे हँसाऊँगा…

कभी मिले तू समुंदर किनारे
मैं कश्ती बन आ जाऊँगा…
कभी चल वहाँ, जहाँ डूबता है सूरज
तुझे नया सवेरा दिखाऊँगा…

कभी तो मुड़ के देखेगी
अकेले होने का एहसास आएगा…
तभी तो साँसें अटकेंगी
जब प्यार बेहिसाब आएगा…

हाथ बढ़ा कर पूछ मत लेना
वापस आऊँ फिर से जो, साँसें तेरी डाटेंगी क्या…
क्योंकि हँस कर मैं कह दूँगा तुझसे
बस कर पगली, फिर से काटेगी क्या…

13...

एक बार तो मुझे भी सता
एक बार तो मुझे भी बता...

कि गया था तू, तो रोई हूँ मैं
आँखें खुली रख के, सोई हूँ मैं...

बंद करूँ, तो तेरे चेहरे आते थे
ज़ख्म दिल पे, गहरे आते थे...
चीखूँ तेरा नाम, तो कहने आते थे
चेहरा नहीं देखा बताने, महीने आते थे...

आवाज़ें नहीं सुनी कब से
ये कानों को भी दरकारे थीं...
छुआ नहीं कब से तुझे
ये हाथों को भी कराहें थीं...

एक बार तो गले से, लगा ले मुझे
फिर से खुद में, समा ले मुझे...
पूरा होता था, तुझसे जुड़ के सदा
करूँगा हर पल, तेरा शुक्रियादा अदा...

घुटने भी टेक दूंगा, तू बोल
आँखें भी मैं झुका लूंगा, बता...
टूटे सपनों के रास्तों पर भी
कहे तू तो चल दूंगा वहाँ...

हक़ है कि नहीं, पता चलता नहीं
मुस्कानों में, दरारें दिखती हैं…
खुरदुरे से होंठों पर तेरे
मुझे चार दीवारे दिखती हैं…

घर बसाना चाहता हूँ
था या कल भी बसाऊंगा…
सवाल मेरे अधूरे से ये
क्या जवाबों से पूरा कर पाऊंगा…

पिघल जाऊं अगर जो देखे मुझे तू
पूरा करूँ वो जो ख्वाब था…
आज भी मरता हूँ तुझपे क्यूंकि
कुछ तो है तुझसे राब्ता…

14...

सब की ख़ामोशियाँ समझने वाले
कभी मेरे भी सन्नाटे को सुन…
इन प्यार भरी बातों में
मेरी नाराज़गी को चुन…

बातें जो अक्सर कहता हूँ
आज भी वही है…
तेरे कानों तक पहुँचती तो हैं
पर तेरे दिल से अनकही है…

कभी रोक तो ज़रा
कभी पूछ ले ज़रा…
कुछ गुमा है तो पता, बता दूं तुम्हें
मेरे दिल में थोड़ी जगह है ज़रा…

कर देती है कभी ग़ैरों सा हाल
कहती तुम नहीं मेरे दिल के पहरेदार…
जीना है मुझे थोड़ा छोड़ दो यार
रहूँगी सदा तुम्हारी कद्रदार…

इस तमन्ना के चलते, सारे ताले तोड़ दिए
तू जी ले ज़रा, इसीलिए हर कायदे मोड़ दिए…

पर मेरी मोहब्बत के सिलसिले, कुछ ऐसे चले
मैं खुद ही न रहा, बस मेरे सायें चल दिए…

सायें, जो अब थोड़ा कम मुस्कुराते हैं
चुपचाप तेरे साथ चले जाते हैं

बात बस इतनी थी कहनी
ज़रूरत है तेरे ख़्याल की...
रख थोड़ा मेरा भी
रख थोड़ा औरों का...

दुनिया की वजह से
मैं थोड़ा पीछे हूँ रह जाता...
तू लौटती तो है
पर मैं उससे पहले ही मर जाता...।

15...

अब फ़ोन मत करना
मुझे आदत सी हो गई है…
कुछ मत पूछना
ज़ुबां ख़ामोश सी हो गई है…

अकेले रहना सिखा दिया है, अपनों ने मुझे
तूने ही नहीं, औरों ने भी छोड़ा है बेवजह

ज़रूरत पे याद आने वाला
एक प्यादा सा बन गया हूँ…
ग़लती भी मेरी है कि
अच्छा कुछ ज़्यादा सा बन गया हूँ…

अच्छा है दर्द छुपाना सीख लिया है
घर पे मैंने मुस्कुराना सीख लिया है…
बस कोई आँखों में न झांके मेरी
पर मैंने पलकें झपकाना सीख लिया है…

काश तू समझ पाती मेरे इंतज़ार को
सालों दिए मैंने जिस प्यार को…
काश तुझे डर होता मुझे खोने का
काश तुझे एहसास होता मेरे होने का…

तू ही नहीं, और भी हैं रुलाने वाले
मुझसे अब मतलब से काम रखने वाले…
मजबूरी है उनकी मेरे साथ रहना

नहीं तो वो भी कहां मुझे पूछने वाले…

असली दोस्ती तो तन्हाई ने निभाई है
बिन बुलाए वो मेरे साथ चली आई है…
शुक्र है कोई तो मिली मुझे
जो बिन बताए मेरी बात समझ पाई है…

16...

ऐ-दिल तू चाहता क्यों है

उसके पास जाके भी दूर रहना, तू चाहता क्यों है
दूर रहकर भी क़रीब होना, तू चाहता क्यों है

देख कर अनदेखा करना, तू चाहता क्यों है
अनदेखा करके चुपचाप देखना, तू चाहता क्यों है

उसकी हर आहट सुनना, तू चाहता क्यों है
उसकी एक आवाज़ पे पलटना, तू चाहता क्यों है
भीड़ में उसे ढूँढ़ना, तू चाहता क्यों है
ढूँढ़ के भी भीड़ में रहना, तू चाहता क्यों है

अपनी हरकतों से उसकी नज़रों में आना, तू चाहता क्यों है
आकर फिर नज़रें चुराना, तू चाहता क्यों है

ख़ामोश रहकर उसकी परवाह करना, तू चाहता क्यों है
उससे पता है फिर ख़ामोश, तू रहता क्यों है

पाना चाहता है उसको तो, तू खोता क्यों है
पाकर भी फिर हर लम्हा, तू रोता क्यों है

ऐ-दिल तू चाहता क्यों है
ऐ-दिल तू उसे चाहता ही क्यों है

17...

जब भी बारिश होती है
मैं उसके पास जाता हूँ...
उसकी आँखों के आंसू
बारिश से चुन-ले आता हूँ...

वह कहती है
कैसे कर लेते हो ये जादू...
जब होते हैं आँखों के आंसू
और ये बारिश बेकाबू...

उसे पता, मैं चलने नहीं देता हूँ...
अश्कों को उसके मैं, होंठों पर रखके देखता हूँ...

वह कहती है, दुनिया भूल...
कोई किसी से प्यार कैसे कर सकता है...
इस प्यार में दिल को कैसा लगता है...

तो मैं कहता हूँ,जब कोई किसी से प्यार करता है...
तो आँखों के आंसू मीठे
और बारिश का पानी खारा लगता है...

18...

मुद्दतों से ही तो बैठा हूँ
तेरे इंतज़ार में...
आँखें नम करते हुए
तेरे इस प्यार में...

तू मिली भी मुझको तो
इंकार के पैग़ाम में...
और छोड़ दिया मुझको तुने
तन्हाई के तूफ़ान में...

यही लिखा था शायद मेरी
तक़दीर के अंजाम में...
साथ नहीं था तेरा शायद
ज़िंदगी के पायदान में...

पर मेरी भी साँसें हैं तेरी
रूह की हर जान में...
ना हो सकूंगा किसी और का मैं
तेरे सिवा इस जहान में...

19...

मैं चाहता उसकी परवाह करना
वो बेपरवाह रहना चाहती थी...
सबको तो वो गले लगाती
बस मुझे धकेलना चाहती थी..
मुझ पर पूरा हक दिखाती
खुद का स्पेस चाहती थी
बातों में भर के प्यार की धूल
आँखों में झोंकना चाहती थी...
दुनिया पूछे कौन हूं मैं
वो दोस्त बताना चाहती थी

यार चाहता तो था, एक घुटना टेकना
पर कम्बख़्त, दोनों झुकवाना चाहती थी...

20...

आँखें खोलूं
फिर भी तेरे सपने आएं...
तेरे अक्स के साए
हर पल मुझे सताएं...

किसी दिन तो हक़ीक़त में भी
बेनक़ाब हो जाना...
तेरे तसव्वुर में ही गुमशुदा रहकर
कहीं हम मर न जाएं...

21...

ऐ-बारिश

बंजर पड़े ज़ख्मों की ज़मीन
फिर सींच के गई है...
टूट गया क्या तेरा भी दिल
जो आँखें मीच के गई है...

मायूसी के खेत उगेंगे फिर
दर्दों की फ़सल हरी दिखेंगी...
मीठा पानी बरसा गई इन पे
आँखें खारे से सींचेंगी...

कच्ची यादों और पके वादों की फ़सल
फिर से बाँटने न आ जाए...
दिल की ज़मीन नाम पे उसके
कहीं फिर से काटने न आ जाए...

22...

कहने को तो समुंदर है
पर होंठों से एक बूंद नहीं छलकती...
कोहरे के पीछे चेहरा है तेरा
पर देखने को साली धूप नहीं निकलती...

आ के ये धुंधली चादर सी हटा
ज़रा ही सही रोशनी ले के आ...
सायें तेरे अंधेरों में सफेद बन बैठे हैं
कभी तो मुझे उजालों में भी सता...

तेरी आहटें नहीं पहुँचती मुझतक
क्या मेरी तरफ़ तूने चलना छोड़ दिया है...
ये एहसास पहले ही था मेरी उम्मीदों को
इसीलिए उन्होंने दिया जलाना ही छोड़ दिया है..

23...

काश तेरी परछाई ही दिख जाए
इस साँझ की करवट में...
थामने के लिए जब तक कदम बढ़ाऊं

अंधेरा हो जाता है...

24...

ना सोया हूँ, ना रोया हूँ, क्या हालत है मेरी...
मर्ज़ बन फिर चले मत आना, ये इबादत है मेरी...

एक अरसा फिर से काटना होगा,
प्यार के ज़ख़्म भरने को...
अब तो मरना ही होगा
ये खेल ख़त्म करने को...

फिर से शुरू की थी तुने, मेरी अधूरी सी किताब...
लफ़्ज़ लिखे थे प्यार के, इसमें बेहिसाब...

हर पन्ने की स्याही इसकी, कुछ अलग करती है बयाँ...
सब की तरह अब हमारी भी, ये अधूरी दास्तान...

तेरी आँखों में वो कशिश थी, तेरी बाहों में था वो सुकून...
मेरे होंठों पे तेरे नाम, और मेरी आहटों में बस तू...

काश कि हम, कल मिले थोड़ा कम होते...
तेरे मासूम गाल, आज गीले थोड़े कम होते...

कल के सपनों में क्यों डूबाऊं तुझे
जब आज की हक़ीक़त ही बदनाम है...

कल की कश्ती में क्यों बिठाऊं तुझे
जब आज के साहिल ही गुमनाम है...

25...

थक गई निगाहें उनके
मैसेज के इंतज़ार में...
पलकों ने किया आँखों को बंद
ख्वाबों के दरबार में...

और जैसे ही नींदें उसे चुरा के
खयालों में लाने लगी...

तो होंठों ने कहा
कभी उसे भी अकेले रहने का एहसास होने दो...

26...

मोहब्बत के उलझे धागे थे पक्के
जज़्बातों की सुलझी डोर थी कच्ची...
पूरी बुन के भी शायद आधी सी लगती
हमारी कहानी अब, अधूरी ही अच्छी...

बारिशें कल बरसेगी दिल से
बादलों की आज पेशी थी...
सज़ाएँ
ना पूरी करने की मिली है
वो ख्वाइशें जो मैंने भेजी थी...

27...

काश उसकी मुस्कुराहट
मेरी मायूसी का भी दरवाज़ा खटखटा देती...

बाहर निकल आती ज़रा जो
मैं भी मुस्कुरा लेता...

28...

उलझा हुआ तो तू है
जवाब क्या मांगेगा...
और सुलझ गया अगर जो
तो सवाल क्यों जानेगा...

विचारों की सूतली से, दिल के इस पत्थर पे...
लकीरें उभर चुकी हैं...

रहमत कर और कम घिस खुद को...
बता, रार कब तक ठानेगा...

29...

रातों के सितारे टूटने तैयार हैं...
उसकी हंसी को लुटाने तैयार हैं...

चाँद खुद से कहने लगा...
कि ले चल मुझे उसके लिए...

मैंने कहा, वक्त लगेगा क्यूंकि...
अभी वो सिर्फ़ रूठने तैयार हैं...

30...

किसी को देते सुकून
तो किसी का सब उजाड़ देते हैं...
किसी को लगते मरहम
तो किसी का ज़ख़्म उधाड़ देते हैं...

कभी अश्कों की हँसी
कभी मायूसी की मुस्कान बन जाते हैं...
और गीले तकियों से पूछ मत लेना
किसकी यादों की दास्तान बन जाते हैं...

आँखें बंद कर सुन लूँ इन्हें जो
उसके अक़्स का तूफ़ान बन जाते हैं...
और भीगते हुए देख लूँ उसे जो
छाता नहीं पूरा आसमान बन जाते हैं...

अकेले का उदास
और भीड़ का उल्लास बन जाते हैं...
कभी अकेले का मौन
और कभी तांडव सा नाच बन जाते हैं...

हम सब की कहानियों के
एक पात्र बन जाते हैं...
धुन में पिरोए ये मामूली से शब्द
पता नहीं कैसे ख़ास बन जाते हैं...

31...

चुप हूँ थोड़ा,
थोड़ा हूँ खोया...
सूखा पड़ा सपनों का पेड़
जो बचपन में था बोया...

ना लगन की खाद मिलाई
ना सींचा मेहनत के पानी से...
निकला आज जो फल तोड़ने
सिर्फ़ मायूसी निकली वाणी से...

अलग चलने निकला था
पर आज भी भीड़ में पाता हूँ...
क्या हर रास्ते पर लोग मिलेंगे
कि हर बार ग़लत निकल आता हूँ...

क्या समझ ही नहीं पाया ख़ुद से
कि कल कहाँ पहुँचना है...
और आज जहाँ हूँ, क्या कल सोचा था
कि मुझे यही पर होना है...

32...

दिल जोड़ने की फ़रियाद है
खुदा से हर दीवाने को...
पर कदम नहीं बढ़ाता कोई
दरमियां यहाँ मिटाने को...

बरसों से भरी, गुस्ताख़ियों की पोटली
सीने में, बोझ बना कर बैठे हो...
धड़कन ये दिल, बंद कर देना कहीं
जो साँसों में, शिकवे जमा कर बैठे हो...

बैठी ग़लतियों की धूल पे कभी
उनकी अच्छाई का भी पानी मारो...
सूखे पत्तों से जमी दूरियों पे
यादों की जलती एक काड़ी मारो...

तकलीफ़ तो होगी जब झुकोगे तुम
इज़्ज़त तुम्हारी अहंकार से जड़ी है...
पर अच्छे होने की दुनिया में दोस्त
कीमत बहुत बड़ी है...

33...

कश्मकश है गहरी
वादों के रास्ते हैं...
निश्चयों से घबराता हूँ
क्यूंकि औरों के वास्ते हैं...

बढ़ना भी चाहता हूँ
मुड़ना भी चाहता हूं...
धुंधले रास्तों के सवालों से मैं
खुद को ही खाता हूं...

खो गया तो क्या कोई, थामेगा नहीं
मिल गया फिर वो, बांधेगा नहीं...
रुक गया अगर जो, कोई टोकेगा नहीं
और जाने लगूँ अगर जो, कोई रोकेगा नहीं...

छटेंगी धुंधली चादरें जब
क्या मंज़िलें सच में सामने होंगी...
सफ़र में हमसफ़र साथ रहेगा
कि सबके दिलों में बस, तस्वीरें होंगी...

शायद...

शायद डर नहीं हमें, कि वो हमें छोड़ दे...
शायद डर नहीं हमें, कि वो हमें छोड़ दे...
डर यही है हमें, कि हम न...
खुद छूट जाएं...

34...

वक़्त नहीं है उनके पास
ज़िंदगी बिताने की बातें करते हैं...
दोस्तों को नज़रों में रखके
सब कुछ भुलाने के वादे करते हैं...

ऐ समय, ज़रा तो लिहाज़ कर
इंतज़ार की शर्तों को, अब तू ही बरख़ास्त कर...
कल मिलेंगे तमन्ना लेकर, मैं आज भी रुका हूँ
कल की उम्मीदों पे मेरी इज़्ज़त से लिबास कर...

ऐ-वक़्त

मांगा ही क्या तुझसे बस
तेरा हिस्सा ही तो है मैंने...
मुझसे भी मिल ले तू थोड़ा
इतनी तो दरख़ास्त कर...

कितना सुलझाऊँ खुद को
कुछ तो उलझता ही है...
कितना भी जमा लूँ आँखें तुझपे
पर तू तो बरसता ही है...

निकल जा तू भी अब
अश्को का ज़रिया बनकर...
मैं खुद से खुद में जी लूँगा
तेरी यादों का दरिया बनकर...

35...

बहुत हुए किस्से, चलो अब बदलते हैं
सपनों को छोड़ के, अब रास्तों पर निकलते हैं

क्या लड़ाई, क्या प्यार
क्या रिश्ते, क्या अधिकार
कितना दिखाओगे दूसरों पे
अब बस भी करो यार

खुद के अक्स से
रूबरू होना भी तो ज़रूरी है
क्या ज़िंदगी भर भागोगे
ठहरना भी तो ज़रूरी है

एक कदम पीछे
और एक कदम आगे है
बीच के फासलों में
ज़िंदगी भर के वादे हैं

वादे जो हर पल
झट से टूटा करते हैं
और उन्हीं दो पल की कसमों से
हम उम्मीदें जोड़ा करते हैं

अरे टूटोगे ए-दोस्तो
अगर यकीन दूसरों पे रखते हो
पर सुधरोगे भी तभी

जब धोखे को चखते हो

इसलिए कहता हूँ

खुद से बांधो उम्मीदें
जिसमें तुम्हारा नाम हो
क्योंकि सामने वाला भी तब तक है
जब तक उसका काम हो

36...

Expressing yourself shows you are weak
Hold it inside, the turns and the tweaks
Stick a smile, on your angry face
Take a deep breath, just pass the phase

Why is it important? Let's just think
Undecorated thoughts will keep you un-sync...
Love from your heart will be taken away
Same thing will happen, as they say...

A cloud of misunderstanding will come from
somewhere
Will start to fall, and no one will take care...
And when the sunrise of hatred will happen
Dense haze of wrong thoughts going to be
everywhere

Just forgive the ones who made the mistakes
Erase the past, for the present's sake
Mend the heart if it starts to break
Always help each other, because humanity is at
stake.

37...

Weep

Every bit of breath is choking now...
Eyes are wet and tears are flowing down...

In inhaling air, I'm feeling gears in my throat...
It Making a pause, cause I'm loving and hating
you both...

Burning increases beneath my eyes...
Rubbing them too much, to make me feel nice...

Shrinking myself underneath the blanket...
Missing you too much and I can't help it...

Flip-Flopping the pillow to make my headset...
Need a new one, cause its both sides are wet...

My body became tired,
finally fall asleep...
My heart stops beating,
Soul begins to weep...

38...

If you can heal my heart
Then why is it cracked...
If you can feel my presence
Then why are you sad?

If you can hear my voice
Then why do you call?...
If you just know love
I'll make you fall...

If we see each other
As eyes closed...
Then why they need you
When they disclosed...

Why my hands want
To hold you tight...
Why my love increases
Whenever you fight...

Why my eyes say
Come and kiss...
But still my heart says
Don't do this...

I will take care
And will always love you...
Not just for few years
But whole my life through...

39...

She knows my step, before I take it
She knows my thought, before I make it

She knows my doubt, before I think it
She knows my eyes, before I blink it

She knows what I want, before I pray it
She knows my word, before I say it

She knows my feeling, before I express it.
She knows my sadness, before I suppress it.

She knows my face, before I change it.
She knows my wound, before I mend it

She replies to my message, before I send it
She believes in my story, before I defend it.

Still, she knows, where this book will end...
But she will never show that she understands...

www.ingramcontent.com/pod-product-compliance
Lightning Source LLC
Chambersburg PA
CBHW061724130726